...itu de Equipo

LOS LAKERS DE LOS ÁNGELES

POR
MARK STEWART

Asesor de contenido
Matt Zeysing
Historiador y Archivista
Salón de la Fama del Baloncesto Naismith Memorial

Traducido por
Manuel Kalmanovitz
con Eduardo Narváez

NORWOOD HOUSE PRESS
CHICAGO, ILLINOIS

Norwood House Press
P.O. Box 316598
Chicago, Illinois 60631

Para más información sobre Norwood House Press, por favor visítenos en nuestro sitio de internet:
www.norwoodhousepress.com o llámenos al número 866-565-2900.

Todas las fotografías cortesía de AP Images—AP/Wide World Photos, Inc. con las siguientes excepciones:
Bowman Gum Company (7 arriba y 14); Capital Cards (20);
Topps, Inc (21 ambas, 35 derecha, 39 abajo, 40 arriba y 43); PhotoFest (28);
Bruce Hale Publications (34 derecha); colección del autor (37 arriba);
Star Company (40 abajo).
Agradecimiento especial a Topps, Inc.

Traductor: Manuel Kalmanovitz
Editor: Eduardo Narváez
Diseñador: Ron Jaffe
Coordinación del Proyecto: Black Book Partners, LLC.

Library of Congress Cataloging-in-Publication Data

Stewart, Mark, 1960-
  [Los Angeles Lakers. Spanish]
  Los Lakers de Los Angeles / por Mark Stewart; traducido al español por Manuel
Kalmanovitz con Eduardo Narváez; consultor de contenido, Matt Zeysing.
    p. cm. -- (Espíritu de equipo)
  Summary: "Spanish edition of the Team Spirit series featuring the history,
accomplishments and key personalities of the Los Angeles Lakers basketball
team. Includes timelines, quotes, maps, glossary and websites to
visit"--Provided by publisher.
  Includes bibliographical references and index.
  ISBN-13: 978-1-59953-100-7 (library edition : alk. paper)
  ISBN-10: 1-59953-100-3 (library edition : alk. paper)
  1. Los Angeles Lakers (Basketball team)--History--Juvenile literature. I.
Zeysing, Matt. II. Title.
  GV885.52.L67S7418 2007
  796.323'640979494--dc22

                                    2006035751

Producido en los Estados Unidos.

EN LA PORTADA: Los jugadores en la banca de los Lakers se levantan para apoyar a sus compañeros en un partido de 2006.

Contenido

TÉRMINOS DEPORTIVOS y VOCABULARIO: En este libro encontrarás muchas palabras que no conoces. También encontrarás palabras conocidas usadas con nuevos significados. El glosario de la página 46 explica el significado de términos de baloncesto y de palabras comunes que tienen un sentido especial en baloncesto. Estas palabras aparecen en **negrita** en el libro. El glosario de la página 47 explica el significado de palabras que no se relacionan con el baloncesto. En el libro aparecen en *cursiva negrita*.

TEMPORADAS DE BALONCESTO: Como las temporadas de baloncesto comienzan a finales de un año y terminan a comienzos del otro, no se conocen con un solo número. Se escriben con dos años separados por un guión, por ejemplo 1944–45 ó 2005–06.

Conoce a los Lakers

La mayoría de los aficionados del baloncesto se sienten con suerte si su equipo tiene un gran jugador o si está en la lucha por un campeonato. Saben que pueden pasar años antes de que se repita. Los fanáticos de los Lakers de Los Ángeles se han acostumbrado a tener superestrellas en su equipo y exigen victorias.

Y ¿por qué no? Los Lakers han tenido algunos de los mejores jugadores en la historia de la **Asociación Nacional de Baloncesto (NBA)** y han llegado a las finales más de 20 veces. Los Lakers tratan de buscar atletas capaces de despertar emociones, con grandes personalidades, y a sus aficionados les encanta verlos.

Este libro cuenta la historia de los Lakers. El equipo ha construido una *tradición* ganadora que se extiende hasta la década de los 40. Pero la explicación de su éxito es su compromiso con el futuro.

Lamar Odom felicita a Kobe Bryant y Sasha Vujacic lo abraza, tras haber logrado una canasta decisiva.

En ese entonces...

¿Te has preguntado por qué un equipo que juega en Los Ángeles—una ciudad en el océano Pacífico—se llama Lakers [de lagos]? Es porque empezaron en Minnesota, conocida como "la tierra de los diez mil lagos". Al comienzo de la temporada 1947–48, había tres ligas profesionales de baloncesto compitiendo por jugadores y aficionados. La más antigua era la **Liga Nacional de Baloncesto**

(NBL), que acababa de crear un nuevo equipo, los Lakers, en la ciudad de Minneapolis. Los Lakers eran liderados por Jim Pollard, una estrella conocida en el **baloncesto aficionado**. John Kundla, un popular técnico de la Universidad de Minnesota, era el entrenador.

Dos semanas después de comenzar la temporada, la más nueva de las ligas—la **Liga Profesional de Baloncesto de América**—quebró. Su mejor jugador, George Mikan, firmó con los Lakers. Mikan usaba lentes gruesos que lo hacían verse como Clark Kent, aunque jugaba como Superman.

Con Pollard y Mikan, los Lakers eran casi invencibles. Ese año fueron campeones de la NBL y se despidieron de la liga. Los Lakers y otros tres equipos de la NBL se unieron a la **Asociación de Baloncesto de América (BAA)** en la temporada 1948–49. Minneapolis volvió a ganar el campeonato y Mikan se convirtió en el jugador más famoso del baloncesto.

En 1949–50, la BAA se unió a otros equipos de la NBL y cambió su nombre a Asociación Nacional de Baloncesto (NBA). El nombre había cambiado, pero el campeón siguió igual. De nuevo los Lakers ganaron. Para entonces, Vern Mikkelsen, un *rudo* delantero, se había unido a Mikan y Pollard en la **línea de ataque**. Un guardia pequeño llamado Slater Martin coordinaba el ataque. Estas cuatro estrellas ayudaron a los Lakers a ganar los campeonatos de la NBA de nuevo en 1952, 1953 y 1954.

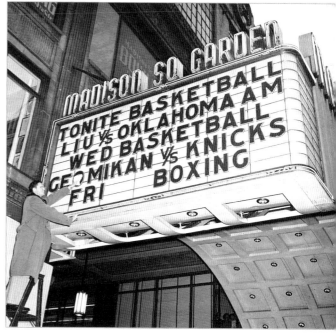

IZQUIERDA: George Mikan lleva en hombros al técnico John Kundla tras ganar el campeonato de la NBA en 1953–54.
ARRIBA: George Mikan **CENTRO**: Mikan se pregunta si deberá enfrentarse él solo a los Knicks.

Cuando estas estrellas se retiraron en las siguientes temporadas, los aficionados de Minneapolis perdieron el interés. Los Lakers vieron el éxito de los Dodgers (en béisbol) y los Rams (en fútbol americano) al sur de California y decidieron mudarse a Los Ángeles en la temporada 1960–61. Los Lakers tenían dos jóvenes estrellas, Elgin Baylor y Jerry West, y los aficionados de California se enamoraron del nuevo equipo.

Los Lakers llegaron a las **finales de la NBA** siete veces entre 1962 y 1970, pero no lograron ganar el campeonato. Por fin en 1972 lo consiguieron. El centro Wilt Chamberlain, el guardia Gail Goodrich y el técnico Bill Sharman se unieron a West y Baylor. Lograron el impresionante número de 69 victorias en la temporada 1971–72, y luego derrotaron a los Knicks de Nueva York para obtener su primer campeonato en 18 años.

En los años 80, los Lakers retomaron la cima del mundo del baloncesto, con un equipo que incluía a Magic Johnson, Kareem Abdul-Jabbar, James Worthy y al técnico Pat Riley. Entre 1980 y 1991, llegaron a las finales de la NBA en nueve ocasiones y ganaron cinco títulos.

IZQUIERDA: Elgin Baylor
ARRIBA: Magic Johnson se eleva para encestar contra los Celtics de Boston.

El equipo de hoy

Con tanta historia y tantos grandes jugadores y técnicos, los Lakers saben lo que se necesita para triunfar en la NBA. Debe haber un encestador emocionante que domine el balón y coordine el ataque, un hombre alto que controle la defensa y un técnico que sepa aprovechar lo mejor de sus jugadores. Fue así como los Lakers reconstruyeron su equipo para el siglo XXI.

Kobe Bryant, Shaquille O'Neal y el técnico Phil Jackson se unieron para ganar los campeonatos de 2000, 2001 y 2002. En 2004, Jackson dejó el equipo y Shaq fue intercambiado por tres jugadores y dos **selecciones del sorteo** de talento. Cuando los Lakers se vieron en problemas, Jackson regresó para darle forma a un nuevo equipo.

Si los Lakers le son fieles a su pasado, harán lo que sea necesario para encontrar un gran centro. Sin embargo, pueden elegir armar un equipo sin una estrella de siete pies, como lo hizo Jackson con Michael Jordan y los Bulls de Chicago en los años 90. Lo que harán los Lakers para regresar a las finales de la NBA será una de las historias más interesantes del baloncesto.

Smush Parker y Kobe Bryant saltan de alegría.

El hogar

uando los Lakers se mudaron a Los Ángeles jugaban en un edificio llamado el Gran Foro del Oeste. Era un edificio rodeado de *columnas romanas* y era una de las arenas deportivas más sofisticadas del país.

En 1999, el equipo se mudó al Centro Staples, en el centro de Los Ángeles. Este estadio tiene más asientos, un marcador de ocho lados que cuelga sobre la cancha y el mejor sistema de sonido de la NBA (costó un millón y medio de dólares y también se usa para conciertos).

El Centro Staples es el único estadio deportivo en los Estados Unidos considerado como 'casa' por cinco equipos profesionales: los Lakers y Clippers (NBA), Sparks (WNBA), Kings (NHL), y Avengers (fútbol americano de salón). En la entrada al edificio hay estatuas gigantes de Magic Johnson y la estrella del hockey Wayne Gretzky.

EL ESTADIO EN NÚMEROS

- *El estadio tiene 18,997 asientos para los partidos de baloncesto.*
- *El* **complejo** *se inauguró el 17 de octubre de 1999.*
- *En el Centro Staples hay siete camisetas con números retirados:*
  13 (Wilt Chamberlain), 22 (Elgin Baylor), 25 (Gail Goodrich),
  32 (Magic Johnson), 33 (Kareem Abdul-Jabbar),
  42 (James Worthy) y 44 (Jerry West).

Los aficionados celebran el campeonato de 2000 de los Lakers en el Centro Staples.

Vestidos para ganar

Cuando los Lakers jugaban en Minneapolis, los colores del equipo eran un recordatorio del agua y el cielo. Usaban uniformes con azul brillante y blanco. El nombre del equipo se veía en letras de molde sobre las camisetas claras. Como Minneapolis era una palabra demasiado larga y no cabía al frente de las camisetas del uniforme de visitantes, a veces usaban la sigla MPLS.

Los Lakers siguieron usando azul y blanco tras mudarse a Los Ángeles. Como el nombre de su nueva ciudad podía dividirse en dos palabras, cabía perfectamente en los uniformes. A finales de los años 60, los Lakers cambiaron a los colores púrpura y dorado que tienen en el presente. En años recientes han usado uniformes blancos en casa en algunas ocasiones. Los Lakers han ganado nueve campeonatos con sus nuevos colores, así que es muy posible que sigan usándolos en el futuro.

Herm Schafer, un guardia del equipo en los años 40, con el antiguo uniforme blanco y azul de los Lakers.

ELEMENTOS BÁSICOS DEL UNIFORME

El uniforme del baloncesto es muy simple. Consiste en una camiseta holgada y unos shorts bolsudos.

- La camiseta cuelga de los hombros, con agujeros grandes para los brazos y el cuello. Este estilo casi no ha cambiado con el tiempo.

- Los shorts sí han cambiado mucho. Antes eran muy cortos, para que los jugadores pudieran mover libremente sus piernas. En los últimos 20 años se han alargado y vuelto más bolsudos.

Los uniformes del baloncesto parecen iguales a los de hace tiempo, pero si los ves con cuidado te darás cuenta de que no es así. Antes, los shorts tenían cinturones con hebilla. Las camisetas eran de un algodón grueso llamado 'jersey', que se hacía muy pesado por el sudor de los jugadores. Luego los uniformes se hacían de **satín** brillante. Se veían muy bien, pero no había ventilación y los jugadores se acaloraban demasiado. Hoy la mayoría de los uniformes están hechos de telas **sintéticas** que absorben el sudor y mantienen fresco el cuerpo.

Lamar Odom, con el uniforme dorado de casa, encesta en un partido de 2006.

¡Ganamos!

Los Lakers son el único equipo que se ha coronado campeón en tres ligas diferentes. Cuando jugaban en Minneapolis, ganaron las finales de la NBL, la BAA y la NBA en 3 temporadas seguidas: 1947–48, 1948–49 y 1949–50. George Mikan, un grandulón que usaba su cuerpo ancho y codos afilados para apartar a sus rivales, era la estrella del equipo.

Si los rivales intentaban cubrir a Mikan con dos defensas altos, Jim Pollard quedaba descubierto. Pollard era un delantero veloz apodado 'Chico Canguro' por sus saltos increíbles. Otro delantero, Vern Mikkelsen, ayudaba a Mikan y Pollard con su defensa ruda y sus rebotes.

El primer campeonato de los Lakers fue en el invierno de 1948, en el Torneo Mundial de **Baloncesto Profesional** en Chicago. Los mejores equipos del país se reunieron para disputarse el honor de ser considerados los mejores de los mejores. En los años 40 y comienzos de los 50, muchos equipos no tenían liga—iban de pueblo en pueblo jugando por un porcentaje de los ingresos de taquilla. Los mejores de estos equipos también estaban en Chicago.

En las finales del Torneo Mundial, los Lakers derrotaron a los Rens de Nueva York, un equipo conformado por los mejores jugadores

Jim Pollard anota contra los Knicks. El 'Chico Canguro' hizo de los Lakers el mejor equipo de los años 40 y comienzos de los 50.

afroamericanos, incluyendo a Pop Gates, Duke Cumberland, George Crowe y Nat 'Sweetwater' Clifton. Mikan superó en anotaciones a Clifton, por 40 a 24, y los Lakers ganaron 75 a 71.

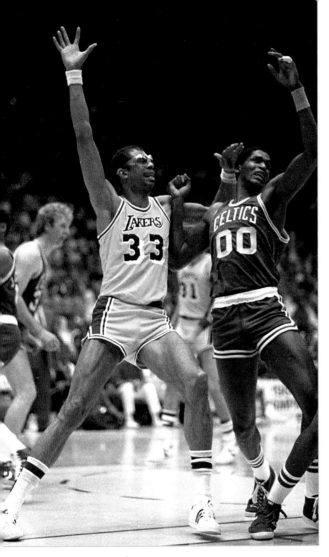

Esa primavera, los Lakers derrotaron a Bob Davies y a los Royals de Rochester en la final de la NBL. La siguiente temporada, tras cambiar de liga, los Lakers derrotaron a los Capitols de Washington en la final de la BAA. Ganaron el campeonato de la NBA en 1950 contra los Nationals de Syracuse, luego vencieron a los Knicks de Nueva York en 1952 y 1953, y de nuevo a los Nationals en 1954.

El siguiente campeonato de los Lakers fue en los años 70, cuando el equipo ya llevaba muchos años en Los Ángeles. El equipo de 1971–72 tenía como estrellas a Jerry West, Wilt Chamberlain, Gail Goodrich, Jim McMillian y Harold 'Happy' Hairston. Ganaron 69 partidos esa temporada—incluyendo 33 seguidos—y vencieron a los Knicks en la final de la NBA para lograr su primer campeonato tras mudarse a California. Y vendrían más.

En los próximos 10 años, los Lakers consiguieron en intercambio al centro Kareem Abdul-Jabbar y Jamaal Wilkes, y en el sorteo seleccionaron a Magic Johnson y James Worthy. Estas cuatro estrellas convirtieron a los Lakers en el mejor equipo de los años 80. Derrotaron a los 76ers de Filadelfia en 1980 y 1982; a los Celtics de Boston en 1985 y 1987, y a los Pistons de Detroit en 1988, para agregar cinco campeonatos de la NBA a su colección.

En 2000, liderados por Kobe Bryant y Shaquille O'Neal, los Lakers regresaron a las finales de la NBA. Derrotaron a los Pacers de Indiana y se hicieron campeones. El técnico Phil Jackson rodeó a estas dos estrellas con buenos **jugadores especializados**, incluyendo a Rick Fox, Derek Fisher y

Robert Horry. Los Ángeles ganó otros dos campeonatos de la NBA: derrotaron a los 76ers en cinco partidos en 2001 y arrasaron con los Nets de Nueva Jersey en cuatro partidos en 2002.

IZQUIERDA: Kareem Abdul-Jabbar y Robert Parish luchan por posicionarse.
ARRIBA: Shaquille O'Neal y Kobe Bryant celebran su campeonato de 2000.

Los confiables

Para ser una estrella en la NBA, necesitas más que buena puntería. Debes ser confiable, alguien que sus compañeros de equipo sepan que hará la jugada ganadora justo antes de que se termine el tiempo. Los fanáticos de Minneapolis y Los Ángeles han tenido mucho que celebrar en todo este tiempo, incluyendo estas grandes estrellas…

LOS PIONEROS

GEORGE MIKAN   6' 10" Centro

• NACIÓ: 6/18/1924   • MURIÓ: 6/1/2005
• JUGÓ PARA EL EQUIPO: ENTRE 1947–48 Y 1953–54, Y EN 1955–56

George Mikan utilizaba su amplio cuerpo para empujar oponentes contra la canasta, desde donde podía encestar con un **gancho** usando cualquiera de sus manos. Era tan difícil defenderse cuando Mikan tenía el balón cerca de la canasta, que la NBA amplió la **línea de foul** y creó la **regla de los tres segundos** para hacerle más difícil encestar.

JIM POLLARD   6' 4" Delantero

• NACIÓ: 7/9/1922   • MURIÓ: 1/22/1993
• JUGÓ PARA EL EQUIPO: ENTRE 1947–48 Y 1954–55

Jim Pollard era un delantero *ágil* que saltaba alto por rebotes y que podía encestar desde afuera. Cuando los rivales hostigaban a Mikan, Pollard quedaba desmarcado para lograr canastas fáciles y rebotes.

ELGIN BAYLOR 6' 5" Delantero

• NACIÓ: 9/16/1934 • JUGÓ PARA EL EQUIPO: ENTRE 1958–59 Y 1971–72

Elgin Baylor fue la primera estrella de la NBA que jugaba "sobre el aro". Parecía volar sobre sus rivales para hacer clavadas, empujar el balón y lograr rebotes. No era extraño que anotara 30 puntos y lograra 15 rebotes por partido. Los tiros curvos y altos de Baylor capturaron la imaginación de jóvenes jugadores y fanáticos.

JERRY WEST 6' 3" Guardia

• NACIÓ: 5/28/1938

• JUGÓ PARA EL EQUIPO: ENTRE 1960–61 Y 1973–74

Jerry West era un gran **jugador integral**. Era excelente como defensa, haciendo pases y logrando rebotes. Y era famoso por encestar en partidos reñidos. El apodo de West era 'Sr. Decisivo'.

WILT CHAMBERLAIN 7' 1" Centro

• NACIÓ: 8/21/1936 • MURIÓ: 10/12/1999

• JUGÓ PARA EL EQUIPO: ENTRE 1968–69 Y 1972–73

Wilt Chamberlain era un anotador increíble al comienzo de su carrera. Con los Lakers dejaba anotar a sus compañeros, y él se dedicaba a defender y lograr rebotes. Durante los cinco años que jugó con los Lakers, llegaron a la final cuatro veces.

IZQUIERDA: George Mikan
DERECHA ARRIBA: Jerry West   **DERECHA ABAJO**: Wilt Chamberlain

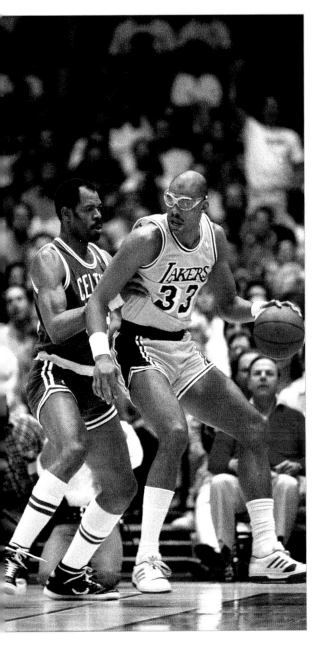

KAREEM ABDUL-JABBAR   7' 2"   Centro

• NACIÓ: 4/16/1947 • JUGÓ PARA EL EQUIPO: ENTRE 1975–76 Y 1988–89

Kareem Abdul-Jabbar ya había logrado un campeonato de la NBA y tres premios al **jugador más valioso** cuando llegó a los Lakers. Ganó cinco campeonatos más y tres premios al jugador más valioso en Los Ángeles. Abdul-Jabbar se retiró con el récord de anotaciones de la NBA, con 38,387 puntos.

MAGIC JOHNSON   6' 9"   Guardia

• NACIÓ: 8/14/1959

• JUGÓ PARA EL EQUIPO: ENTRE 1979–80 Y 1990–91, Y EN 1995–96

Cuando los Lakers eligieron a Magic Johnson en el sorteo de talento, era la chispa que necesitaban para ser un gran equipo. Era un jugador sin igual, un **guardia de punta** de gran tamaño. Con su increíble talento y maravilloso entusiasmo, Johnson ayudó a ganar cinco campeonatos.

ARRIBA: Kareem Abdul-Jabbar   **DERECHA ARRIBA**: James Worthy
DERECHA ABAJO: Shaquille O'Neal

JAMES WORTHY   6' 9"   Delantero

• NACIÓ: 2/27/1961

• JUGÓ PARA EL EQUIPO: ENTRE 1982–83 Y 1993–94

James Worthy fue uno de los delanteros mejor balanceados en jugar en la NBA. Cuando los Lakers hacían un '**fast break**', Worthy terminaba clavando el balón.

SHAQUILLE O'NEAL   7' 1"   Centro

• NACIÓ: 3/6/1972

• JUGÓ PARA EL EQUIPO: ENTRE 1996–97 Y 2003–04

Shaquille O'Neal era un hombre en búsqueda de un campeonato cuando firmó con los Lakers. Era el jugador más imparable de la liga, pero necesitaba un equipo que lo apoyara. Eso y más encontró 'Shaq' en Los Ángeles, donde ganó tres títulos de la NBA.

KOBE BRYANT   6' 7"   Guardia

• NACIÓ: 8/23/1978

• PRIMERA CAMPAÑA EN EL EQUIPO: 1996–97

Aunque era apenas un adolescente cuando llegó a los Lakers, había mucha presión para que Kobe Bryant se convirtiera en el próximo gran jugador de la NBA. Llenó esas expectativas y ahora es uno de los mejores del deporte.

Fuera de la cancha

Puede que los Lakers sean conocidos por sus grandes estrellas, pero sin un gran técnico incluso los mejores jugadores tienen problemas para ganar. Su primer técnico, John Kundla, sabía que no podía depender de su jugador estrella, George Mikan. Construyó un equipo con talentos diversos, que le despejaban el camino a Mikan. Los Lakers ganaron seis campeonatos en siete campañas.

Tras perder la final de la NBA siete veces seguidas, los Lakers contrataron a Bill Sharman para entrenar al equipo en 1971–72. Les enseñó *disciplina* y se aseguró de que los jugadores estuvieran en el mejor estado físico de sus vidas. En esa temporada ganaron el sorprendente número de 33 partidos seguidos, camino al campeonato y a un total de 69 victorias.

Pat Riley enseñó a los Lakers a jugar duro, a divertirse y entretener a los fanáticos. Hicieron todo esto y se convirtieron en el mejor equipo de los años 80. Phil Jackson pedía a sus jugadores que pensaran en sí mismos como diferentes partes de una criatura gigante de baloncesto. Unas partes eran más importantes que otras, pero debían trabajar juntas para tener éxito. Con esta filosofía, el equipo ganó tres campeonatos seguidos.

El técnico Phil Jackson explica una jugada a Kobe Bryant.

Un gran día

Cuando Kobe Bryant tiene el balón en sus manos, puede anotar en una docena de formas. La mayoría de los equipos de la NBA ya se han resignado a no poder detenerlo, sólo esperan poder controlarlo o *contenerlo*. Los jugadores de la liga solían discutir qué pasaría si Bryant usara todas sus capacidades a la vez. En Los Ángeles, una noche de enero, los Raptors de Toronto pudieron verlo.

Bryant encestaba desde todas partes: canastas de 3 puntos, **tiros saltando en seco**, tiros en movimiento y clavadas espectaculares. Para el medio tiempo tenía 26 puntos. El único problema era que los Raptors estaban jugando uno de sus mejores partidos del año. Al comenzar el tercer cuarto, Toronto ganaba 63 a 49.

Los Lakers siguieron dándole el balón a Bryant y él siguió encestando. Poco a poco, Los Ángeles alcanzó a Toronto y tomó el control del partido en el último cuarto. Todos esperaban que la buena racha de Bryant se detuviera, pero no fue así. Anotó 55 puntos en la segunda mitad y condujo a los Lakers a una victoria de 122 a 104. ¡Al terminar el partido había anotado 81 puntos!

Kobe Bryant anotando dos de sus 81 puntos.

La hazaña de Bryant fue increíble. Antes de él sólo un jugador de la NBA había anotado más de 81 puntos, 44 años atrás cuando Wilt Chamberlain anotó 100. Chamberlain era un centro mucho más alto que sus contrincantes y su equipo ganaba holgadamente. Bryant, por el contrario, tuvo que luchar cada punto—y cada uno de esos 81 puntos fue crucial. "Los puntos de esta noche fueron muy importantes", dijo Bryant después del partido, "los necesitábamos".

¿Alguna vez se imaginó Bryant que anotaría más puntos en un partido que Michael Jordan, Jerry West y otros grandes guardias?

"Ni en sueños", dijo sonriendo.

Dice la leyenda

¿Quién interpretó al piloto aéreo más alto del mundo?

DICE LA LEYENDA que Kareem Abdul-Jabbar. En la película *Aeropuerto*, de 1980, la estrella de los Lakers interpretó a un piloto llamado Roger. Su personaje causaba enredos cómicos porque los pilotos usan la palabra 'roger' al hablar con la torre de control. Abdul-Jabbar también puede ser el experto en ***artes marciales*** más alto. En la película *Juego de la Muerte*, estrenada en 1978, se enfrentó a Bruce Lee.

ARRIBA: Kareem Abdul-Jabar en *Aeropuerto*.
DERECHA: Magic Johnson presenta a Paula Abdul ante los aficionados.

¿Qué porrista del equipo llegó a ser una estrella tan grande como cualquier Laker?

DICE LA LEYENDA que fue Paula Abdul. En una temporada en los años 80, Abdul fue una chica Laker—parte del equipo de danza que entretiene a los aficionados en el mediotiempo y los descansos. Más tarde, como cantante, logró colocar varias canciones en el top 10 y ahora forma parte del jurado del popular programa de televisión *American Idol*.

¿Cuáles fueron las cestas más altas usadas en un partido de la NBA?

DICE LA LEYENDA que medían 12 pies. En un partido de 1954 entre los Lakers y los Hawks, ambos equipos acordaron jugar con aros a 12 pies—dos pies más altos que lo normal. La NBA experimentaba con diferentes formas de acelerar los partidos y aunque los Lakers ganaron, sus jugadores dijeron que el experimento había fracasado. George Mikan, el jugador más alto en la cancha, sólo pudo encestar dos tiros. En total, los Lakers sólo encestaron 22 de 77 tiros. Slater Martin, el jugador más bajo en la cancha, le dio otra idea a la NBA: bajar las cestas a seis pies. "¡Eso me convertiría en un George Mikan!", dijo.

Sucedió en realidad

Uno de los días más tristes del deporte sucedió en el otoño de 1991, cuando Magic Johnson, la superestrella de los Lakers, anunció ante un grupo de periodistas que era *HIV positivo*. Temiendo por su salud y la de otros jugadores, Johnson declaró que se retiraba del baloncesto para dedicarse a combatir la enfermedad.

Pero la NBA ya había impreso el **tarjetón para el partido All-Star** y el nombre de Johnson estaba ahí. Los fanáticos votaron en su honor y, para sorpresa general, Johnson anunció que jugaría. Muchos aficionados pensaban que jugaría poco, pero estuvo casi todo el partido. Anotó 25 puntos y tuvo 9 **asistencias**, y llevó al equipo del Oeste a una victoria de 153 a 113.

Con menos de 30 segundos de juego, Johnson estaba amagando con el balón a 25 pies de la canasta, marcado por su buen amigo Isiah Thomas. Con una gran sonrisa dio un giro y lanzó un **tiro de tres**. Parecía imposible, ¡pero entró directamente!

Nadie pudo jugar después de eso. Los jugadores corrieron a la cancha y abrazaron a Johnson. Aunque todavía quedaban 14 segundos, los árbitros dieron por terminado el partido. "Fue el primer partido que terminó por abrazos", dijo Johnson riendo.

IZQUIERDA: Magic Johnson anuncia que es HIV Positivo.
ARRIBA: Magic Johnson recibe el premio al jugador más valioso.

Espíritu de equipo

En la mayoría de los estadios de la NBA, es un gran evento ver a una estrella de Hollywood hacer su entrada. Hasta los jugadores se detienen a mirar. Para los Lakers, jugar en frente de *celebridades* de películas, música y televisión es parte de su trabajo. Su cancha queda a unas millas de Hollywood, Beverly Hills, Bel Air, Santa Mónica, Malibú y otras zonas donde la gente más famosa del mundo vive y trabaja.

El fanático más leal del equipo es Jack Nicholson, el premiado actor. Tiene un asiento cerca de la cancha y sabe tanto de los Lakers como cualquier aficionado del Centro Staples. También conoce personalmente a los jugadores.

Otras celebridades que pueden verse entre el público son Will Smith, Brad Pitt, Matthew McConaughey, Dustin Hoffman, Snoop Dogg, Alicia Keys y Sarah Michelle Gellar. Estas estrellas aman a los Lakers, pero hay otra cosa que les gusta de ir a los partidos: durante un par de horas pueden relajarse, ser ellos mismos y apoyar a su equipo favorito como cualquier otro aficionado.

El actor Jack Nicholson y la cantante Alicia Keys siguen los rebotes del balón en un partido de los Lakers.

33

Cronología

L a temporada de baloncesto se juega entre octubre y junio. Eso quiere decir que cada temporada empieza a finales de un año y termina en el siguiente. En esta cronología, detallamos algunos de los logros de los Lakers en cada temporada.

1947–48
Los Lakers entran a la Liga Nacional de Baloncesto (NBA).

1968–69
Jerry West es elegido el más valioso de las finales de la NBA al caer frente a los Celtics de Boston.

1953–54
Los Lakers ganan las finales de la NBA por tercera vez seguida.

1960–61
Los Lakers se mudan a Los Ángeles.

1971–72
Los Lakers ganan su primer campeonato en Los Ángeles.

George Mikan

Wilt Chamberlain anota contra los Knicks de Nueva York en las finales de la NBA de 1972.

Kareem Abdul-Jabbar

Kobe Bryant y Shaquille O'Neal

1975–76
Los Lakers reciben a Kareem Abdul-Jabbar en un intercambio.

1999–00
Shaquille O'Neal y Kobe Bryant llevan a los Lakers al campeonato.

1979–80
Los Lakers eligen a Magic Johnson en el sorteo de talento.

1987–88
Los Lakers ganan su quinto campeonato de los años 80.

2002–03
Kobe Bryant encabeza la NBA con 2,461 puntos.

Kobe Bryant flota camino al aro para una clavada de dos puntos.

Hechos curiosos

PEQUEÑO GIGANTE

En el sexto partido de las finales de la NBA en 1980, el guardia **novato** Magic Johnson reemplazó al centro lesionado Kareem Abdul-Jabbar. Anotó 42 puntos y logró 15 rebotes para conseguir el campeonato para los Lakers.

¡IMPARABLE!

La racha de 33 victorias de los Lakers en la campaña 1971–72 sigue siendo la más larga de un equipo entre los deportes más importantes.

EL SEÑOR LOGO

El *logo* rojo, blanco y azul de la NBA tiene el dibujo de un jugador rebotando un balón de baloncesto. Muchos piensan que Jerry West de los Lakers fue el 'modelo' para este jugador.

VER CLARAMENTE

Slater Martin fue uno de apenas dos jugadores en la NBA que usaban lentes de contacto en los años 50.

Entre los partidos de la NBA, los Lakers a veces jugaban **dobles jornadas de exhibición**. Así los jugadores recibían un dinero adicional y ayudaban a popularizar el baloncesto profesional.

BUEN TRATO

El mejor intercambio en la historia del equipo sucedió en 1996. Los Lakers dieron al centro Vlade Divac a los Hornets de Charlotte a cambio de Kobe Bryant, de 18 años. El intercambio también le dio suficiente dinero al equipo para firmar a Shaquille O'Neal.

AMOR POR UN LAKER

Durante muchos años una de las grandes celebridades en los partidos de los Lakers era la actriz y cantante Vanessa Williams. Su marido, Rick Fox, fue miembro de tres equipos de campeonato.

IZQUIERDA: Jerry West
DERECHA ARRIBA: Boleto de un partido de exhibición de los Lakers. Los Trotamundos de Harlem también jugaron en esa doble jornada.
DERECHA ABAJO: Vanessa Williams y Rick Fox.

Palabras y Canastas

"Jugamos en equipo. Equipos de un solo jugador son equipos perdedores".

—*Kareem Abdul-Jabbar, sobre cómo los Lakers llegaron a ser campeones*

"Las debilidades son vistosas como un ***aviso de neón***. No hay necesidad de practicar en los aspectos fuertes, sino en los débiles".

—*Magic Johnson, sobre lo que se necesita para mejorar*

"Ganar un campeonato nunca es fácil. Y no debería serlo".

—*Phil Jackson, sobre las recompensas del trabajo duro*

ARRIBA: Phil Jackson
DERECHA ARRIBA: Kobe Bryant   **DERECHA ABAJO**: Jerry West

"Haré lo que sea necesario para ganar partidos, ya sea estar en la banca, blandiendo una toalla, darle un vaso de agua a un compañero o lograr la cesta decisiva".

—*Kobe Bryant, sobre la contribución que hace una estrella*

"Cualquier equipo puede ser un equipo milagroso—pero tienes que salir y trabajar por tus milagros".

—*Pat Riley, sobre el secreto de los equipos ganadores*

"Se necesita un buen equilibrio para anotar saltando o con cualquier otro tiro. Ningún tiro está seguro—sin importar lo cerca que estés de la canasta—si se hace desde una posición incómoda".

—*Jerry West, sobre la manera correcta de lanzar*

Para la historia

Los grandes equipos y jugadores de los Lakers han dejado sus huellas en los libros de récords. Estos son los "mejores de los mejores".

Elgin Baylor

Magic Johnson

LOS PREMIADOS DE LOS LAKERS

GANADOR	PREMIO	TEMPORADA
George Mikan	Más valioso del partido All-Star	1952–53
Elgin Baylor	Compartió premio al más valioso del partido All-Star	1958–59
Elgin Baylor	Novato del año*	1958–59
Jerry West	Más valioso de las finales de la NBA	1968–69
Jerry West	Más valioso del partido All-Star	1971–72
Wilt Chamberlain	Más valioso de las finales de la NBA	1971–72
Bill Sharman	Técnico del año	1971–72
Kareem Abdul-Jabbar	Más valioso en la NBA	1975–76
Kareem Abdul-Jabbar	Más valioso en la NBA	1976–77
Magic Johnson	Más valioso de las finales de la NBA	1979–80
Kareem Abdul-Jabbar	Más valioso en la NBA	1979–80
Magic Johnson	Más valioso de las finales de la NBA	1981–82
Kareem Abdul-Jabbar	Más valioso de las finales de la NBA	1984–85
Michael Cooper	Defensa del año	1986–87
Magic Johnson	Más valioso de las finales de la NBA	1986–87
Magic Johnson	Más valioso en la NBA	1986–87
James Worthy	Más valioso de las finales de la NBA	1987–88
Magic Johnson	Más valioso en la NBA	1988–89
Magic Johnson	Más valioso del partido All-Star	1989–90
Magic Johnson	Más valioso en la NBA	1989–90
Pat Riley	Técnico del año	1989–90
Magic Johnson	Más valioso del partido All-Star	1991–92
Del Harris	Técnico del año	1994–95
Shaquille O'Neal	Compartió premio al más valioso del partido All-Star	1999–00
Shaquille O'Neal	Más valioso de las finales de la NBA	1999–00
Shaquille O'Neal	Más valioso en la NBA	1999–00
Shaquille O'Neal	Más valioso de las finales de la NBA	2000–01
Kobe Bryant	Más valioso del partido All-Star	2001–02
Shaquille O'Neal	Más valioso de las finales de la NBA	2001–02
Shaquille O'Neal	Más valioso del partido All-Star	2003–04

*El premio al novato del año es para el mejor jugador de primer año en la liga.

LOGROS DE LOS LAKERS

LOGRO	TEMPORADA
Campeones de la NBL	1947–48
Campeones de la BAA	1948–49
Campeones de la NBA	1949–50
Campeones de la NBA	1951–52
Campeones de la NBA	1952–53
Campeones de la NBA	1953–54
Campeones de la NBA	1971–72
Campeones de la NBA	1979–80
Campeones de la NBA	1981–82
Campeones de la NBA	1984–85
Campeones de la NBA	1986–87
Campeones de la NBA	1987–88
Campeones de la NBA	1999–00
Campeones de la NBA	2000–01
Campeones de la NBA	2001–02

George Mikan muestra sus muchos trofeos.

IZQUIERDA: Phil Jackson y Shaquille O'Neal planean la siguiente jugada.
ARRIBA: Magic Johnson y Pat Riley posan con el trofeo de más valioso que Johnson ganó en las finales de 1982.

Rastros

La historia de un equipo de baloncesto está hecha de muchas historias pequeñas que tienen lugar en todo el mapa—no sólo en la ciudad del equipo. Relaciona las señales en el mapa con los hechos del equipo y podrás tener una buena idea de la historia de los Lakers.

HECHOS DEL EQUIPO

1   Los Ángeles, California—*Hogar de los Lakers desde 1960.*

2   Berkeley, California—*Lugar donde nació Jamaal Wilkes.*

3   Deer Lodge, Montana—*Lugar donde nació Phil Jackson.*

4   Minneapolis, Minnesota—*Hogar de los Lakers entre 1947 y 1960.*

5   Joliet, Illinois—*Lugar donde nació George Mikan.*

6   Rome, Nueva York—*Lugar donde nació Pat Riley.*

7   Nueva York, Nueva York—*Lugar donde nació Kareem Abdul-Jabbar.*

8   Filadelfia, Pennsylvania—*Lugar donde nació Kobe Bryant.*

Vlade Divac

9   Washington, D.C.—*Lugar donde nació Elgin Baylor.*

10   Cheylan, West Virginia—*Lugar donde nació Jerry West.*

11   Gastonia, Carolina del Norte—*Lugar donde nació James Worthy.*

12   Prijepolje, Yugoslavia—*Lugar donde nació Vlade Divac.*

¡A Jugar!

El baloncesto es un deporte jugado por dos equipos de cinco jugadores. Los partidos de la NBA tienen cuatro partes de 12 minutos—un total de 48 minutos—y el equipo que más puntos tenga al final es el ganador. La mayoría de las canastas valen dos puntos. Los jugadores que disparan más allá de la línea de tres puntos obtienen un punto adicional. Las cestas de tiro libre cuentan como uno. Los tiros libres son otorgados a un equipo, por lo general después de una falta del contrario. Se canta falta cuando un jugador hace un contacto fuerte con otro.

Los jugadores pueden moverse cuanto quieran, con la excepción de quien lleva el balón. Debe rebotar el balón con una mano o la otra (nunca con las dos a la vez) para ir de una parte de la cancha a la otra. Mientras continúe rebotando el balón puede avanzar.

En la NBA los equipos deben intentar un tiro cada 24 segundos, así que no pueden desperdiciar el tiempo. La labor de la defensa es hacer difícil el lograr un buen tiro—y atrapar el balón si el otro equipo falla su cesta.

Puede sonar sencillo, pero cualquiera que haya jugado baloncesto sabe que es muy complicado. Cada jugador tiene una tarea que hacer y cada uno tiene sus fortalezas y debilidades. El técnico debe combinar estos jugadores de forma precisa y enseñarles a jugar como si fueran uno.

Mientras más juegues y mires baloncesto más cosas podrás notar. La próxima vez que estés en un partido, ponle atención a estas jugadas:

LISTA DE JUGADAS

ALLEY-OOP—Jugada donde quien hace el pase lanza el balón a un lado de la cesta para que un compañero de equipo pueda atraparla y clavarla en un solo movimiento.

JUGADA DE PUERTA TRASERA—Jugada donde quien hace el pase espera a que un compañero de equipo quite a un defensa con un amague y le lanza la bola cuando voltea hacia la canasta.

PASE A CIEGAS—Jugada donde quien hace el pase engaña con su mirada a un defensa y lo obliga a marcar a un jugador antes de hacer rápidamente un pase sin mirar a otro.

PATEADA—Jugada donde quien tiene el balón espera a que los defensas lo rodeen antes de pasárselo rápidamente a un compañero desmarcado listo para tirar desde afuera. El balón no es pateado en esta jugada, se llama así por la acción en las máquinas de pinball.

PICK-AND-ROLL—Jugada donde un compañero bloquea o 'levanta' el defensa de otro con su cuerpo y luego va hacia la canasta buscando un pase en la confusión.

Glosario

ASISTENCIAS—Pases que terminan en canastas.

ASOCIACIÓN DE BALONCESTO DE AMÉRICA (BAA)—Liga que se unió a la NBL para convertirse en la Asociación Nacional de Baloncesto (NBA). La serie de campeonato de la liga eran las finales de la BAA.

ASOCIACIÓN NACIONAL DE BALONCESTO (NBA)—Liga profesional que funciona desde 1946–47.

BALONCESTO AFICIONADO—Baloncesto donde los jugadores no reciben sueldo. Incluye equipos universitarios y de secundaria. Entre los años 20 y los 50, la mayoría de los jugadores aficionados jugaban para equipos de compañías.

BALONCESTO PROFESIONAL—Baloncesto que se juega por dinero. Los jugadores universitarios y de secundaria no reciben dinero, por lo que son considerados 'aficionados'.

DOBLE JORNADA DE EXHIBICIÓN—Dos partidos, jugados uno tras otro, que no cuentan en las estadísticas. En el presente los partidos de exhibición se realizan antes del comienzo de la campaña regular.

FAST BREAK—Jugada en la que el equipo atacante avanza rápidamente en la cancha.

FINALES DE LA NBA—Serie de partidos que decide el campeón de la liga.

GANCHO—Tiro con una sola mano en la que el cuerpo del lanzador se encuentra entre un defensa y el balón.

GUARDIA DE PUNTA—Jugador que tiene el deber de guiar a su equipo en la cancha y comenzar jugadas ofensivas.

JUGADOR ESPECIALIZADO—Jugador que tiene una labor específica cuando entra a un partido.

JUGADOR INTEGRAL—Jugador que se desempeña bien en todas las posiciones del baloncesto.

JUGADOR MÁS VALIOSO—Premio dado anualmente al mejor jugador en la liga. También hay premios similares al mejor jugador en las finales y en el partido All-Star.

LIGA NACIONAL DE BALONCESTO (NBL)—Liga profesional que comenzó en 1937–38 y luego se unió a la NBA. La serie de campeonato de la liga se llamaba finales de la NBL.

LIGA PROFESIONAL DE BALONCESTO DE AMÉRICA—Liga profesional que duró muy poco tras su creación en 1947.

LÍNEA DE ATAQUE—Los dos delanteros y el centro de un equipo.

LÍNEA DE FOUL—El área rectangular demarcada frente a la canasta. Los jugadores deben hacerse a uno de sus costados durante los tiros libres.

NOVATO—Un jugador en su primera campaña.

REGLA DE LOS TRES SEGUNDOS—Regla que limita a tres segundos el tiempo que un jugador puede estar en la línea de foul.

SELECCIONES DE SORTEO—Jugadores elegidos en el encuentro anual en donde los equipos de la NBA se reparten los mejores jugadores aficionados y extranjeros.

TARJETÓN PARA EL PARTIDO ALL-STAR—Tarjeta que usan los aficionados para votar por los jugadores que participarán en el partido anual Juego de las Estrellas de la NBA.

TIRO DE TRES—Canasta lanzada más allá de la línea de tres.

TIROS SALTANDO EN SECO—Lanzamientos que se hacen tras parar repentinamente y saltar en el aire.

ÁGIL—Rápido y con gracia.

ARTES MARCIALES—Un grupo de técnicas de pelea especiales.

AVISO DE NEÓN—Un aviso eléctrico, colorido y vistoso.

CELEBRIDADES—Personas muy famosas.

COLUMNAS ROMANAS—Un diseño de edificios antiguos que se usa de vez en cuando en arquitectura actual.

COMPLEJO—Un grupo de edificios.

CONTENER—Frenar o limitar.

DISCIPLINA—Entrenamiento de mente y cuerpo siguiendo ciertas reglas.

HIV POSITIVO—Infectado con el virus del SIDA.

LOGO—Símbolo o diseño que representa un negocio o equipo.

RUDO—Brusco, fuerte.

SATÍN—Tela lisa y brillante.

SINTÉTICO—Hecho en un laboratorio, no por la naturaleza.

TRADICIÓN—Creencia o costumbre que se ha mantenido sin cambiar por generaciones.

Lugares para visitar

EN LOS ESTADOS UNIDOS

CENTRO STAPLES
1111 South Figueroa Street
Los Ángeles, California 90015
(213) 742-7300

**NAISMITH MEMORIAL
SALÓN DE LA FAMA DEL BALONCESTO**
1000 West Columbus Avenue
Springfield, Massachusetts 01105
(877) 4HOOPLA

EN LA INTERNET

LA ASOCIACIÓN NACIONAL DE BALONCESTO　　　www.nba.com/espanol/
  • *Para aprender más sobre los equipos, jugadores e historia de la liga*

LOS LAKERS DE LOS ÁNGELES　　　www.Lakers.com
  • *Para aprender más sobre los Lakers de Los Ángeles*

EL SALÓN DE LA FAMA DEL BALONCESTO　　　www.hoophall.com
  • *Para aprender más sobre los más grandes jugadores de la historia*

EN LOS ESTANTES

Para aprender más sobre el deporte del baloncesto, busca los siguientes libros en tu biblioteca o librería:

  • Dunning, Mark. *Baloncesto*. Santa Fe de Bogotá: Editorial Panamericana, 2004.
  • Rosen Publishing Group. *La historia del baloncesto*. Rosen Publishing Group, 2003.
  • Perea-Rosero, Tucídides. *Baloncesto*. Santa Fe de Bogotá: Editorial Panamericana, 1996.

Índice

El equipo

MARK STEWART ha escrito más de 20 libros sobre baloncesto y más de 100 libros deportivos para niños. Creció en Nueva York en los años 60, apoyando a los Knicks y Nets, y ahora lleva a sus dos hijas, Mariah y Rachel, a los mismos estadios. Mark viene de una familia de escritores. Su abuelo era editor dominical del *New York Times* y su madre era editora de artículos del *Ladies Home Journal* y *McCall's*. Mark ha hecho cientos

de perfiles de atletas en los últimos 20 años. También ha escrito varios libros sobre Nueva York y Nueva Jersey, donde reside ahora. Mark se graduó en la Universidad de Duke, con un título en historia. Vive con sus hijas y su esposa, Sarah, en Sandy Hook, NJ.

MATT ZEYSING es el historiador residente del Salón de la Fama del Baloncesto en Springfield, Massachusetts. Sus intereses incluyen los orígenes del deporte del baloncesto, el desarrollo del baloncesto profesional en la primera mitad del siglo XX y la cultura y significado del baloncesto en la sociedad estadounidense.

MANUEL KALMANOVITZ nació en Bogotá, Colombia, donde creció viendo fútbol y apoyando al Santa Fe, un ilustre equipo perdedor. Pudo sentir la emoción que producen las finales de la NBA porque vio a un amigo saltar, sudar y gritar haciendo fuerza por los Pistons en 2004. Ha traducido varios libros con Mark Stewart y también ha hecho

traducciones para los programas deportivos de la cadena HBO. Vive en Nueva York desde 2001.

10/14 ① 1/13
11/18 ② 11/14